Ce livre appartient à

. . . .

Titre initialement publié en 2018 en Angleterre par Penguin sous le titre *Peppa Goes Around the World*
Édité en 2018 par Hachette Livre, 58 rue Jean Bleuzen, 92178 Vanves CEDEX. Tous droits réservés.
Dépôt légal : juillet 2018. Édition 01. Achevé d'imprimer en juillet 2018 par Pollina en France - 85222.
Adaptation : Anne Marchand Kalicky. Maquette : Claire Besset.
Loi n° 49-956 du 16 juillet 1949 sur les publications destinées à la jeunesse.

PAPIER À BASE DE FIBRES CERTIFIÉES

hachette s'engage pour l'environnement en réduisant l'empreinte carbone de ses livres. Celle de cet exemplaire est de : 300 g éq. CO_2
Rendez-vous sur www.hachette-durable.fr

Peppa voyage autour du monde

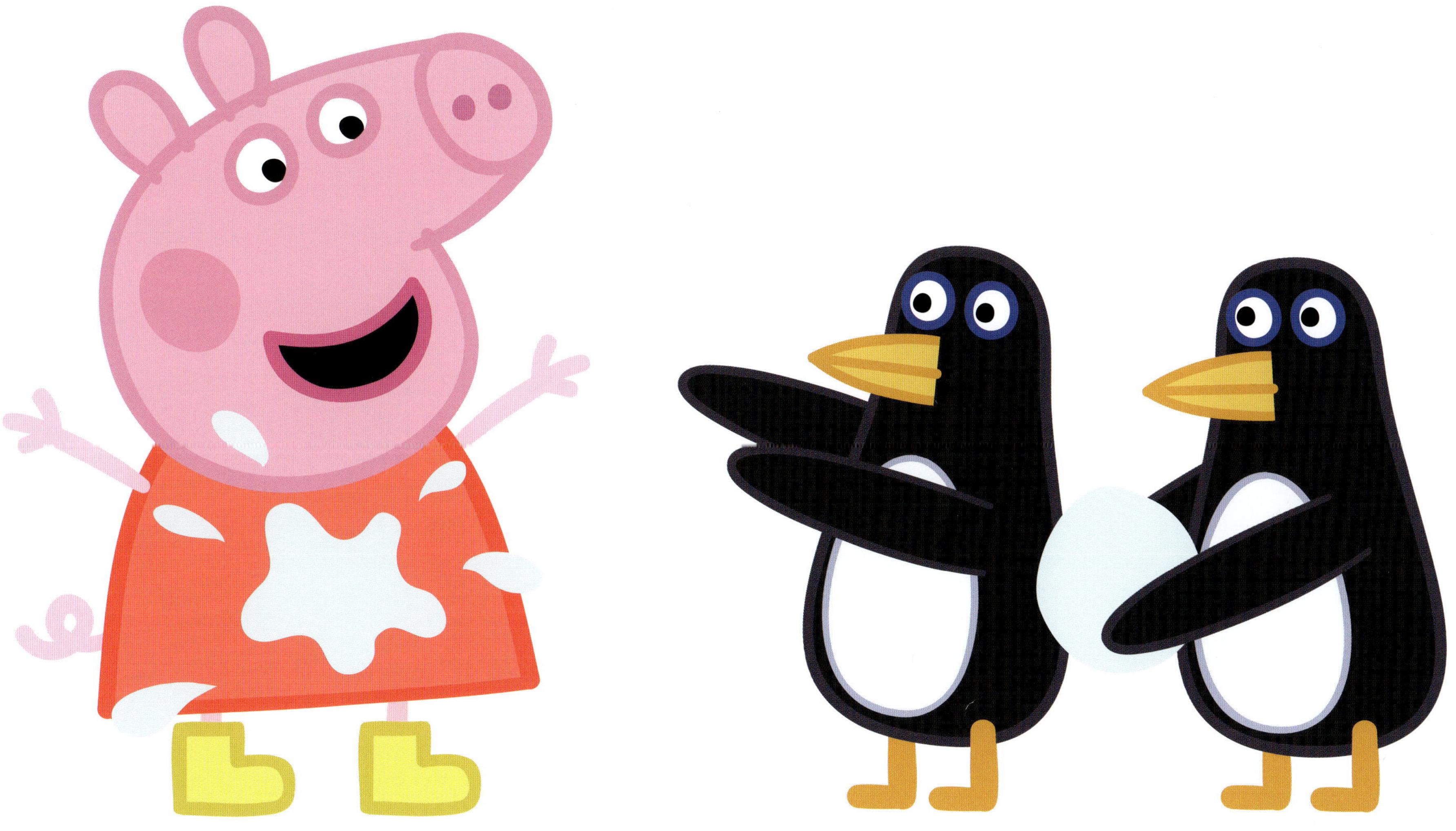

C'est le début des vacances d'été. Peppa joue dans le jardin avec ses amis.

– Que faites-vous pendant les vacances ? demande Wendy Wolf.

– Je vais aller au parc tous les jours, répond Peppa.

Peppa est très contente ! Elle va pouvoir passer toutes ses vacances à sauter dans des flaques de boue.

Ses amis, eux, ont prévu de partir aux quatre coins du monde.

– Je vais explorer la jungle ! dit Pedro Pony.

– Nous, nous irons dans le désert, expliquent Émilie et Edmond Éléphant.

– Je pars à la montagne, aboie Danny Dog.

– Et toi, Suzy ? demande Peppa.

– Je vais au pôle Sud jouer avec les manchots, répond Suzy Sheep en souriant.

Dès le premier jour des vacances, Peppa et George grimpent dans la voiture.

– En route pour le parc ! annonce Maman Pig.

– C'est parti ! s'écrie Papa Pig.

Mais en chemin, la petite voiture se met soudain à bondir.

Le moteur fait de drôles de bruits.

Bing ! Bang !
Boum !
Teuf ! Teuf !

– Oh non ! gémit Papa Pig. La voiture est en panne.

Maman Pig appelle de l'aide.

– Venez vite, s'il vous plaît, dit-elle au téléphone. C'est une urgence !

– Regardez ! s'exclame Peppa. C'est le service de dépannage d'urgence de Mademoiselle Rabbit !

– C'était rapide, remarque Maman Pig.

Mais Mademoiselle Rabbit a une mauvaise nouvelle : réparer la voiture risque de lui prendre toute la journée.

– Nous voulions aller au parc… soupire Peppa.

– Ne vous inquiétez pas, les rassure Mademoiselle Rabbit. Pendant que je répare votre voiture, vous pouvez emprunter mon avion.

– A-VION ! répète George.

Tout le monde embarque aussitôt dans l'avion de Mademoiselle Rabbit.

Maman Pig est aux commandes.

– C'est amusant ! dit-elle.

– Est-ce normal que nous volions à l'envers ? demande Papa Pig.

– Le sol est le ciel et le ciel est le sol ! dit Peppa en riant.

Heureusement, Maman Pig apprend vite à piloter l'avion.

– Prochaine étape : le parc ! annonce Papa Pig.

– Pour sauter dans les flaques de boue ! ajoute Peppa.

Au bout d'un moment, Papa Pig déplie sa carte.
Peppa demande :

– Serions-nous perdus… comme d'habitude ?

– Nous ne sommes pas perdus, réplique
Papa Pig. J'aperçois des arbres.
Ça doit être le parc.

– Mais où sont les toboggans et les petits chevaux à bascule ? demande Peppa.

– Hum, répond Papa Pig, ça ressemble plus à la jungle qu'au parc.

Chouette ! Peppa se souvient que Pedro passe ses vacances dans la jungle.

Maman Pig décide de ralentir,
et l'avion descend vers les arbres
avant d'atterrir un peu brusquement.

Pedro est là.

– Coucou, Pedro ! appelle Peppa. Est-ce que tu passes de bonnes vacances ?

Pedro hoche la tête.

– C'est génial, ici. Il y a des perroquets, des singes et plein d'autres animaux !

Peppa s'amuse beaucoup dans la jungle, mais il n'y a aucune flaque de boue pour sauter dedans.

– Est-ce qu'on peut aller voir mes autres amis qui sont en vacances aux quatre coins du monde ? demande Peppa.

– Bonne idée ! répond Maman Pig.

C'est au tour de Papa Pig de piloter l'avion.
– Alors, où va-t-on ? demande-t-il.
– À la montagne, indique Peppa. C'est là que se trouve Danny Dog.

Danny Dog profite bien de ses vacances à la montagne.

– L'avantage de faire de l'escalade, c'est que tu es tout seul, explique Capitaine Dog. Il n'y a personne d'autre...

Papa Pig pose l'avion au sommet de la montagne, non loin de Danny et de Capitaine Dog.

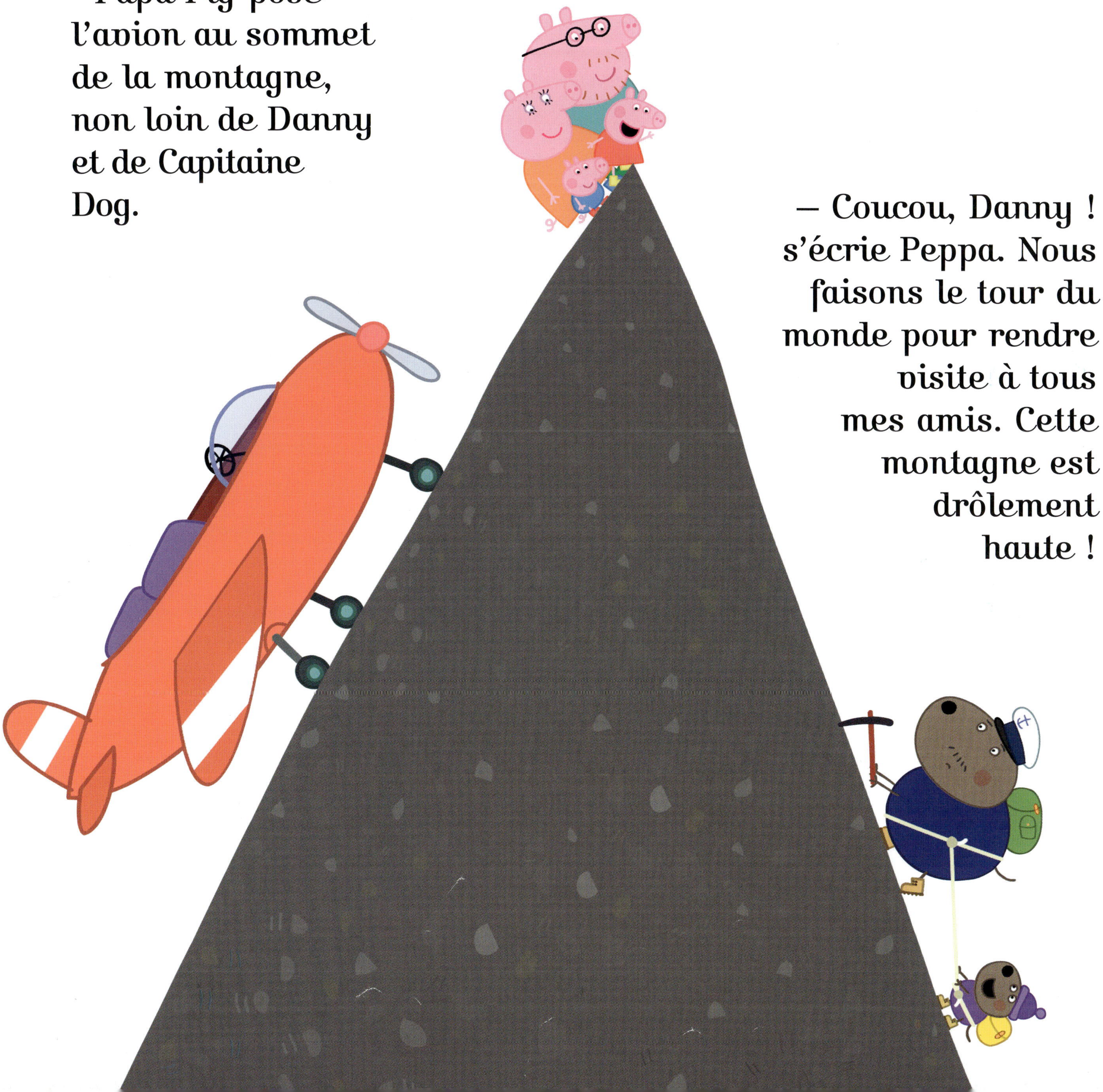

– Coucou, Danny ! s'écrie Peppa. Nous faisons le tour du monde pour rendre visite à tous mes amis. Cette montagne est drôlement haute !

Peppa et sa famille saluent Danny et Capitaine Dog et s'envolent à nouveau. Bientôt, Papa Pig aperçoit plein de petites dunes de sable au loin.

– Ce doit être le désert, devine-t-il.

– C'est là qu'Émilie et Edmond passent leurs vacances, explique Peppa.

Mais ce n'est pas facile de faire atterrir un avion dans le désert.

– Je crois bien que nous sommes ensablés, dit Maman Pig.

– Pourquoi ont-ils besoin de remplir le désert avec autant de sable ? demande Papa Pig.

– Coucou, Émilie ! crie Peppa. Coucou, Edmond !

– Nous étions en train d'observer un lézard très rare, chuchote Edmond, mais il doit être timide parce qu'il s'est enfui.

– Il était recouvert d'écailles et il avait une longue langue rouge, ajoute Émilie.

– Beurk ! dit Maman Pig. Heureusement qu'il est parti, alors !

Mais le lézard réapparaît soudain sur un gros caillou.
– Il est là ! s'écrie Papa Pig en effrayant à nouveau l'animal.
– Avez-vous d'autres amis à voir ? demande Docteur Éléphant.
– Oui, répond Peppa. Nous devons encore aller voir Suzy au pôle Sud. Au revoir, tout le monde !

Sur la banquise, Suzy aussi passe de bonnes vacances, mais Peppa lui manque.

– J'aimerais tellement que mon amie soit là, soupire-t-elle.

L'avion de Peppa atterrit sur la neige et la glace.

– Peppa ! crie Suzy.

– Suzy ! crie Peppa.

Peppa et Suzy sont les meilleures amies du monde. Elles sont si contentes de se voir !

Peppa s'amuse beaucoup avec Suzy et les manchots. Mais sa famille ne peut pas rester très longtemps. Peppa doit encore aller au parc.

– Mademoiselle Rabbit a sûrement fini de réparer notre voiture, maintenant, devine Maman Pig.

Zou !

La troupe retourne dans l'avion
et refait
le tour
du monde
à l'envers.

— Bonjour, Mademoiselle Rabbit ! salue Peppa.
Nous avons volé dans le monde entier.

— Super ! Heureusement que j'ai fait le plein
de carburant, ce matin, répond Mademoiselle Rabbit.

Puis elle annonce :
– Votre voiture est réparée !
Peppa et George grimpent aussitôt dedans.

– C'était vraiment bien de voler autour du monde ! conclut Peppa. Mais... il manquait quand même quelque chose...

— … UNE FLAQUE DE BOUE !

Peppa et George adorent sauter dans les flaques de boue. D'ailleurs, tout le monde aime sauter dans les flaques de boue, n'est-ce pas ?